生長の家ヒューマン・ドキュメント選

治癒はなぜ起こったか

★

日本教文社編

日本教文社

治癒はなぜ起こったか　目次

編者はしがき

メニエル病が消えた「調和タクシー」運転手　（福岡）井上善夫さん　5

めしいても心の眼は健在だった　（北海道）秋山大十さん　16

〝心の掃除〟でB型肝炎が消えた　（福岡）田上　修さん　31

あと十日の命と宣告された
息子の小児ガンを癒した『甘露の法雨』　（愛知）久保田　太さん　45

心臓病で生死の淵に。
「艱難を光明化せよ」の教えで恐怖心を克服できた……（沖縄）比嘉良儀さん 56
会社の業績悪化で自律神経失調症に――
その時知った「当り前に感謝」の教え……（愛知）時原　敦さん 67
「人生に無駄なものはない」と病いにも感謝……（高知）掛水教光さん・久枝さん 74
生長の家練成会案内
生長の家教化部一覧

装幀　松下晴美

編者はしがき

この「生長の家ヒューマン・ドキュメント選」シリーズは、生長の家の信仰を持つことによって、人生を好転させた顕著な体験をした方々を紹介する小社刊行の月刊誌『光の泉』の「ヒューマン・ドキュメント」をテーマ別に精選編纂したものです。

本書は、特に重い病いに罹《かか》りながらも、生長の家の「人間神の子、病無し」の信仰を深め、病気への恐怖心や、こだわりを心から放って、実生活を明るく生きたとき、重い病いも自然と消えていった体験を中心に紹介しています。本書中の年齢・職業・役職等は同誌に掲載された当時のもので、記事の初出年月はそれぞれの末尾に明記してあります。本書が読者の明るい健康生活のための指針となることを願って止みません。

日本教文社第二編集部

メニエル病が消えた「調和タクシー」運転手

福岡県　個人タクシー経営　井上善夫《いのうえよしお》さん（56歳）

十二年前、メニエル病を患《わずら》った井上善夫さんは、救いを求めて生長の家の練成会に参加した。すべての人を拝む気持ちになったとき、家庭は調和し仕事の成績も上昇、病いも消えた。

タクシー運転手の井上さんが勤務を終えて帰宅した、平成三年二月のある深夜のことだった。床について一時間ほど経った時、井上さんは、突然、激しいめまいと息苦しさとに襲われた。

「目を開けると天井がぐるぐる回って見えるんです。これは大変なことになったなと」

翌朝、福岡市内の耳鼻咽喉科で診察を受けると、メニエル病と診断された。メニエル病とは、回転性のめまいや耳なりが突発的に繰り返す疾患で、治療法は確立されていない。

「『命にかかわる病気ではないが、この病気とは一生付き合っていかなければいけません』と医師に告げられたとき、動揺して言葉が出ませんでしたね」

ストレスが原因になることもあると医師は言った。タクシー運転手の仕事は生活が不規則なうえ、勤務先から課せられる売上げノルマにもストレスを感じていた。だが、それが病気の原因かどうかは井上さんには分からなかった。

発病後、日に何度かめまいが起きた。運転中、気分が悪くなったり、目が回ったりするのではないかと思うと気が気でない。しかし、一生治ることもない病気のために仕事を休むことは到底考えられないことだった。

症状が重い日は、病院で抗めまい薬の点滴注射を打ってもらって仕事をした。だが薬は一時しのぎにしかならない。仕事を続けられるのかどうか分からず、悶々《もんもん》としている夫を見かねた妻の道子さん(54)は、ある日、「生長の家に行ってみたら」と助言した。

道子さんは二十代の頃、知人に誘われて生長の家の信徒の集いに参加したことがあった。結婚後、子育てが忙しくなり、集いから足が遠のいていたが、生長の家に行けば、アドバイスをしてくれるのではないかと思ったという。

「感謝の気持ちがあれば、仕事は楽しいものです」と井上さん

感謝の心

発病して一ヵ月が過ぎた頃、井上さんは妻に伴われて福岡県太宰府市にある生長の家福岡県教化部*を訪れた。応対に出た吉塚俊助講師（故人）が、井上さんを指導してくれた。

吉塚さんは、先祖と親と井上さんとの命のつながりを説明し始めた。そして、病気のことを煩《わずら》う前に、今生かされていることへの感謝を込めて、先祖供養や親孝行をするようにと言い、それを疎《おろそ》かにしては病気も運命も良くはならないと語った。さらに、練成会*へ参加して教えを学び、実践することも勧めた。

「両親に感謝したことはほとんど無かったし、先祖供養もしていなかったので、そう言われてみるとその通りだなと」

それから間もなく、井上さんは、「生長の家ゆには練成道場*」で開かれている二泊三日の短期練成会に参加した。

天地一切のものに感謝することや、人には愛情のこもった言葉が大切であるといった講話を聴いていると、恥じ入るような気持ちが起きてきた。

「今まで自分がどれほど妻や子供に嫌な思いをさせていたか……」

井上さんには、現在、三十三歳を筆頭に三人の息子がいる。小さいときから躾《しつけ》に厳しく育て、たとえば食卓を囲んでも、箸《はし》の上げ下げなど細かく注意した。子供たちは萎縮《いしゅく》して無言で食事を摂《と》り、済《す》めばさっと父親のもとから離れた。食事中に叱《しか》られることの多かった次男は、その場で吐き戻してしまったことも何度かあった。

「僕はもともと喜怒哀楽が激しい性格で、カッとなりやすかったんです。家庭では妻や子供の欠点ばかりが目について叱ってしまう。子供から好かれるような父親ではなかったですね」

練成会では、過去の悪想念を紙に書いて聖経《せいきょう》『甘露《かんろ》の法雨《ほうう》』＊を誦《あ》げながら燃やす「浄心行《じょうしんぎょう》」という行事があった。井上さんは、家族へ思いやりや愛情が足りなかったこと、自分の親に対しては、今日まで感謝の念が足りなかったことなどを紙一杯に書いた。こうして自分の過去の過ちを反省し懺悔《ざんげ》したとき、心はすがすがしさで満たされた。

講話をはじめ、教えで救われた様々な体験談に感動を覚えた。重い病気を治したい一心で熱心に講話に耳を傾けている参加者を見ていると、自分の病いはいかにも小さく思えた。そして、自分が素晴らしい神の子であるということに、次第に喜びを感じるようになってきた。

「練成会が終わると、すべてが輝いて見え、生まれ変わったような気がしました。これからは、人を拝むような気持ちで接し、あらゆるものと調和した生き方をしようと決意したんです」

働けば働くほど

練成会から戻って間もなく、当時高校生だった次男が母親に「お父さん、えらく変わったね。どうしてあんなに変わることができるの」と不思議そうに尋ねたことがあった。井上さんは小言を止め、家族の美点を見て誉《ほ》めるようになった。父親の変わりように次男は生長の家を勉強したいと言うようになり、高校生練成会へ参加した。社会人になっていた長男は『生命《せいめい》の實相《じっそう》』＊などの聖典類を読み始め、三男も小学生練成会に参加するなど、一家で生長の家の教えに親しむようになった。

「今まで子供の悪いところを見てそれを変えようとしたのは間違いだったんですね。子供を変えるのではなく、まず親が変わることが大切だったのだと息子たちの姿から教えられた思いです」

入信してから、井上さんは神想観《しんそうかん》＊の実修と聖経読誦《どくじゅ》を日課にしていた。ある日、いつものように聖経『續々甘露の法雨《ぞくぞく》』＊を誦《あ》げていたとき、次の一節を読み、ひらめくものがあった。

『生命の本性は「動」にして「静」に非ず、／人間は生命の本性に随《したが》いて働けば／疲労し病む事能《あた》わざるなり。／生命の実相は働けば働くほど／健康の実相を露呈するなり。……』

メニエル病の症状は練成会後も続いていたが、病気のことを考える暇があれば、不安を忘れるくらい一所懸命働こうと思った。そしてお客に対しても、拝む気持ちを忘れないようにと自戒した。

それまで、井上さんはその短気な性格が災いして、お客とよくトラブルを起こした。運転中、「遠回りしてるんじゃないか」と文句を付けられたりしたら「お前、何言うとるか！」と荒々しく言い返した。駅で一時間も客待ちをして、ようやく乗った客の行き先が初乗り運賃だけの近場だったりすると、不快感がすぐ態度に表れた。そんな調子で仕事をしていたためストレスもたまり、毎日疲れ果てて帰ってくるありさまだった。

勤務先のタクシー会社の半年単位の売上げ成績は、当時、百八十人ほどいた乗務員の中で、井上さんは四、五十番ぐらいだった。ところが、お客を拝む気持ちになってからは、成績は常に十番以内に入り、一番になったこともある。

激務をこなしても、疲労感は残らない。その上、メニエル病は少しずつ改善し、発病した数年後にはほとんど発症しなくなった。生長の家に触れてから薬も病院通いも止めてしまったので、医師の所見は分からないが、今は風邪も引かないほど健康に自信を持っている。

交通事故

四年前に個人タクシーの資格を取得して独立した。お客との調和をモットーにしたいと、車名を「調和タクシー」と名付けて、ドアにもそうペイントした。

平成十三年八月、タクシー運転手になって初めて大きな事故に遭《あ》った。場所は博多駅近くの街中で、一時停止の標識を見落とした女性の運転する車が交差点に飛び出し、直進していた井上さんの車にぶつかった。井上さんの車は壊れて使えなくなったものの、お互いに無傷だったのは幸いだった。

新車のタクシーを買うには二百五十万円の資金が必要だった。過失の九割が相手の女性にあると損害保険会社は認定したが、井上さんの車はすでに減価償却が終わっていたため資産価値としては安く評価され、下りた保険金はわずか三十万円だった。

「車がダメになり、貯金もないし、明日からどうしようかと思ったんですが、これで過去の自分の悪業が消えたと納得することにしました。だから、ぶつけた相手を恨むこともありませんでした」

同業者仲間の中には、診断書を病院に出してもらって慰謝料を取ったらどうかと忠告してくれる人がいた。だが、無傷でありながら、嘘《うそ》をつくことは良心が許さなかった。「与える者は与えられる。奪う者は奪われる」との教えが心にあったので、たとえ一時的に得をしたように見えても、人生のどこかで必ず清算しなければならないような出来事が起きてくると思ったからだ。

加入している個人タクシー組合から車の購入資金を借りようと思ったが、保証人を二人立てる必要があった。日頃、親しくしている人にさえ、保証人を引き受けてもらうことを頼むのは気が引けた。ところが、井上さんが資金に困っていることを知った同業者仲間が、進んで保証人を引き受けてくれた。

「神さまに波長を合わせて生きていれば、自然と救いの手がやってくる。正直を通したことは正解でした」

事故から十日後には新車で営業を再開できた。

井上さんは、タクシーの中に『光の泉』などの生長の家の月刊誌を置いている。お客との会話の中で、悩み事を打ち明けられたりすると、生長の家の話をして月刊誌を差し上げる。

「『良い話を聞かせてもらいました』と喜んでくれるのが何よりも嬉《うれ》しいですね」

自分の車に乗ったことが縁で生長の家に触れ、幸せになって欲しいというのが井上さんの願いだ。

「僕のタクシーは、生長の家の営業車だと思っているんです」

そう言うと井上さんは上機嫌に顔をほころばせた。

（平成十五年四月号　取材／水上有二　撮影／中橋博文）

＊教化部＝生長の家の地方における布教、伝道の拠点。巻末の「生長の家教化部一覧」を参照。
＊練成会＝合宿形式で生長の家の教えを学び、実践するつどい。全国各地で毎月行われている。お問い合わせ先は、巻末の「生長の家練成会案内」「生長の家教化部一覧」を参照。
＊生長の家ゆには練成道場＝巻末の「生長の家練成会案内」を参照。
＊聖経『甘露の法雨』＝生長の家創始者・谷口雅春著。宇宙の真理が分かりやすい言葉で書かれている生長の家のお経。詳しくは、谷口清超著『『甘露の法雨』をよもう』、谷口雅春著『新講『甘露の法雨』解釋』参照。（日本教文社刊）
＊『生命の實相』＝谷口雅春著、全四十巻、日本教文社刊。
＊神想観＝生長の家独得の座禅的瞑想法。谷口清超著『神想観はすばらしい』、谷口雅春著『詳説　神想観』（日本教文社刊）参照。
＊聖経『續々甘露の法雨』＝谷口雅春著。「人間神の子・病気本来なし」の真理がやさしく説かれ、神癒、治病等に霊験のある生長の家のお経。谷口雅春著『大聖師御講義『続々甘露の法雨』』参照。（日本教文社刊）

めしいても心の眼は健在だった

北海道　秋山大十《あきやまたいじゅう》さん（74歳）

思いがけない事故から残っていた方の眼までが光を失った。暗い闇の渕をさ迷い続けた果てに、心に灯った明るい光。盲目へのこだわりを解き放ったとき、光が戻った。

「道にはみ出しているならともかく、誰のもんでもない宙に出っ張ってるからといって何の文句があるんだい」

折角《せっかく》、苦心して自力で取りつけた船形の看板をバールで外す作業をしながら、秋山さんは毒づいた。ドライブイン「鮨の富士丸」の七福神を乗せた船の看板はユニークで、文字通り店の看板だった。それが法律上は違反とクレームをつけられては、おもしろいはずがなかった。その腹立ちが手先に込められた。重箱の隅を突つくようなことを……。繰《く》り言《ごと》は続いた。

ガチン。

一瞬、痛撃が襲った。力いっぱいにハネ上げたバールが顔面を打ったのだ。しかも皮肉なことに、すでに隻眼《せきがん》だった秋山さんの残された方の眼を強打したのだった。昭和四十三年六月のことである。苫小牧の病院で入院生活を送り、十一月に退院するとき、秋山さんは、完全に光を失っていた。

暗い渕

秋山さんが左眼の視力を失ったのはシベリア抑留中、不発弾の暴発が原因だった。

「シベリアは凍《しば》れるからね。焚火《たきび》をしてたら破裂した。栄養失調のうえに治療法といったらホウ酸で洗う程度だったからね」

復員して北海道芦別《あしべつ》に身を落ち着けたのは昭和二十三年八月のこと。その一年後には早くも結婚した。前年暮れに四十歳の若さで長兄が亡くなったため、兄嫁のよしえさん(80)と結婚したのである。秋山さんは九男三女の六男だが、自身も結婚していきなり六人の子沢山になった。

「私の両親、私ら夫婦、全部で十人の生活がかかってきた。正直なところ大変なことになったと思ったね」

樺太に四〇町歩の農地を持つ大農家出身の秋山さんは、大家族の生活を支えるため生まれて初めて商売の道に入った。当初は露天で雑貨、菓子を売っていたが、三十三年には富士食堂をオープン。鮨とラーメンなどを売り物に店は大いに流行《はや》ったが、やがて炭坑街も斜陽を迎え、四十二年には現在地に移った。失明はその翌年のことである。

失意のうちに退院した秋山さんだが、自宅に戻ると一通の案内状が届いていた。翌日から始まる生長の家の練成会への誘いだった。

「芦別で商売やっている頃に拾ったバッジが生長の家のバッジだったんだね。したら、知合いの信徒の人が『いいものを拾ったねぇ』と生長の家の本を紹介してくれた。でも本を読む程度で。こっちに来てからは、知合いもいなくて寂しいもんだから相愛会*に入ってたんだね」

秋山さんは藁《わら》にも縋《すが》る思いを胸に、相愛会の仲間と札幌の練成会に参加した。「人間・神の子、無限力」を説く生長の家の教えは闇におおわれた心にポッと明るい光を灯した。

めしいても心の眼は健在だった

盲目へのこだわりを解き放ったとき、光がもどった秋山さん

そして、事故で右眼を失明したのは、自分の暗い心が呼び寄せたものと反省し、感謝の心こそが大切と知った。感激のうちに五日間の練成会を送った秋山さんは、最後の決意発表で、「我が聖眼見えざるも、われに観あり生命あり。見えるもよし、見えざるもよし。われ久遠に生きて人類光明化運動に全身全霊を尽くす」と誓い、参加者から「頑張れ、頑張れ」の声援と嵐のような拍手を浴びた。

秋山さんは心を躍らせて自宅に戻った。だが、店は目の回るような忙しさ。バス一台が入ってくると三、四十人の客が店になだれ込んできて、さながら戦場のような有様だった。

「私はそのなかで黙って見てるしかない。いやその見る目もないんだからね。それはもうやるせなかったです。涙だけが零《こぼ》れてくる。人に泣いているのを見られたくないから、手探りで自分の部屋にこもって泣くわけだね」

だが、そんな暗い日々を送る秋山さんに救いの手を差しのべる人がいた。生長の家の講師の佐柄全二さん（故人）だ。佐柄さんはオチ込んでいる秋山さんを生長の家の講演会や誌友会*に連れ出した。目の見えない秋山さんは会合での話をテープレコーダーに録音し、自宅に戻って聞き直した。

「でも、二、三日すると〝何で俺はこんなことになったんだ〟って生きる甲斐もなくなっちゃうんだね。その繰り返しでした」

次の世も杖《つえ》に

昭和四十三年も押し詰まった十二月下旬。その日も秋山さんは自分の部屋に引きこもり、悶々《もんもん》としていた。店は休業日。家族は出払い、秋山さんとよしえさんが残っているだけだった。

トントンと階段を昇る足音がして、「お父さん、御飯よ」とよしえさんが声をかけてきた。秋山さんは頭から布団をかぶり寝ているフリをした。そんな秋山さんによしえさんは、「お父さん、どうしていつまでもそんな暗い顔をしてるの。目が見えなくても、たとえ寝たきりになっても、私はお父さんの杖《つえ》になってついて行く。私はお父さんと結婚して世界一幸せ。今度生まれ変わっても父さんの杖になるから元気を出してよ」と手を握って言い、ボロボロと涙を流した。その言葉を聞いた秋山さんは、「すまん。すまん」

と男泣きした。

「自分が暗い顔をしていると皆も暗い気持ちになってしまう。どうせシベリアで一度は捨てた命と思ったら、こんなことで暗い顔はすまいと奮《ふる》い立った。あのときの『私がお父さんの杖になる』って言葉は、私たち夫婦の調和の特効薬になったんだね」

四十五年の年頭を機に、秋山さんはひたすら神想観に励み、生長の家のお経である『甘露の法雨』の暗唱にとりかかった。今の時間を最大に生かして全心身を真理の言葉で浄化しよう、と思い立ってのことだった。目の不自由な秋山さんは聴覚だけが頼り。一行を暗唱するだけでテープを二十数回巻き戻しては聴いた。一巻全部を暗唱し終えるのに一日十数時間、三ヵ月を要した。暗唱に使ったテープレコーダーは何度も修理に出し、一台は駄目にしてしまったという。それだけに気が遠くなるほど時間は要したが、真理の言葉は心に染み透っていった。『甘露の法雨』につづき、『天使の言葉』*『真理の吟唱』*などを次々に暗唱していった。それは秋山さんの生き甲斐となっていく。

真理の言葉を暗唱するうち、秋山さんは自分の生き甲斐のみならず、やがて生長の家の人類光明化という大きな目標にも心の目を向けるようになる。佐柄さんの激励と支援に助けられ、地元に相愛会が結成されたのは、その年の秋のことである。二十人のメンバーのほとんどは家族、親戚だったが、人類光明化はまず足元を固めることからという思いからだった。

相愛会を結成した秋山さんは、さらに自分にできる独特な光明化運動は何かを考えた。そんな頃、友人が胃癌で近所の病院に入院していた。以前からずっと生長の家の雑誌は送っていたが、何とか自分の気持ちを伝えたいと秋山さんは思った。そこで思い切って励ましの手紙を書くことにした。西洋紙の上に一字一字を手探りしながら刻み込んだ激励文は、「汝《なんじ》ら天地一切のものと和解せよ。天地一切のものとの和解が成立するとき、天地一切のものは汝の味方である」の言葉で始まる「大調和の神示*」をバックボーンにしたものだった。

その後、残念ながら友人は亡くなったが、通夜の席で秋山さんは夫人から深く感謝された。友人は何度も何度も読み、激痛も消えて手紙を握りしめながら昇天したという。そう告げられた秋山さんは、〝私にできることはこれだ。悩んでいる人、迷っている人に手紙で真理を伝えよう〟と決意を新たにしたのだった。

こうして手紙伝道が始まったが、目の不自由な身には至難の業だった。が、使命への情熱がアイデアを生んだ。あらかじめ西洋紙を定規に巻いてスジをつけておき、一行一行、丹念に書いていく方法だ。これだと文字が整然と並ぶ。一通に三時間から六時間もかける手紙伝道は受けとった人の心を打った。やがて、病気が治った、発奮させられたという声が寄せられるようになった。手紙はすでに三百通近くに及んでいる。

我の祈り

昭和四十八年九月、秋山さんは東京・調布市飛田給にある生長の家本部練成道場*での練成会に参加した。

このとき秋山さんは生長の家副総裁・谷口清超《せいちょう》先生（現総裁）に質問した。

「私は両眼が失明のため十分に光明化運動ができません。せめて一人歩きできる視力を与え給《たま》えと祈っていますが、これは正しい祈りでしょうか」

やむにやまれぬ思いでの質問だったが、返ってきた言葉は「それは我《が》の祈りです」というものだった。

秋山さんはしみじみとした口調で思い返す。

「神様の運動に私心で条件をつけている信仰姿勢を深く反省させられた。先生の言葉で、その後はめしいそのままで一切に感謝し、無条件の心で光明化運動に歩くようになった。目が見えなくても相対する人から深切心を引き出し、神の愛と栄光を花開かせることができる。私が盲人なのは、そのハンディを克服し、神の子無限力を発揮して神の実在を証明するためなんだと思えるようになったんだね」

練成会から帰った秋山さんは佐柄さんらと各地の相愛会を回った。ときには、白老《しらおい》町から二百キロ程離れた静内《しずない》町にある相愛会の早朝神想観に行くため、午前一時頃に出発することもあった。生長の家の事務局へは、バス停までよしえさんに送ってもらい、自力で通った。

ある日、こんな体験をした。誌友会に行くつもりでバスに乗ったまではいいが、心の中で聖経*を読誦《どくじゅ》するうち乗り越してしまった。どっちに行っていいか見当がつかないまま杖を手に佇《たたず》んでいたら下駄で歩いてくる足音がした。事務局から迎えを呼ぶため公衆電話の所在を聞くと、声の感じで二十歳くらいの若者は「ボクがしてあげる」と言い、代わりにかけてくれた。金を渡そうとしたら受け取ろうとせず、「気をつけてね」と言葉を残して去っていった。

「盲目なのは、やっぱり相手から無条件の愛を引き出すための使命だったと改めて思えた。目が見えない劣等感が消えたんだね」

その頃、生長の家の教えで病気を克服した体験をもつ石川以津子《いつこ》さん（79）が、自費で東京から来道した時には、秋山さんが案内役となり、北は釧路、斜里《しゃり》、紋別、南は函館、小樽など、七十日間かけて各地の相愛会を回ったこともあった。さながら弥次喜多道中のような旅だった。

心の迷いがふっ切れて運動するようになってから三年目の五十一年一月、秋山さんは不思議な夢を見た。夢のなかには、大きな合掌する手が現われ、皎々《こうこう》と照り輝いて見えた。合掌の先からは七色の光が両眼に降り注いできた。いまだかつて見たことのない、何とも不思議な夢に、秋山さんは奇異の感に打たれた。

その日、秋山さんは友人から「札幌に眼の名医がいるから是非診てもらえ」と、くどいほどに勧められた。不思議な夢を見た直後だけに、何かただならぬものを感じた秋山さんは札幌に向かった。

精密検査をすませた医師は「うーん、こりゃ左眼の癒着がとれているよ。手術の可能性があるなあ、やってみるか」と告げた。どこの病院で診てもらっても左眼は癒着のために手術不能だったのが、知らぬ間にとれていたのである。

秋山さんは間髪を容《い》れず「お願いします」と答えていた。

「手術が失敗しても元々くらいの気持ちだった。盲目へのこだわりはなくなっていたからね」

手術台の秋山さんは、「実相円満完全、*実相円満完全……神はこの医師を通じて私に光を与え給うのである。ありがとうございます」と祈り続けた。すべてを神の愛に托したのである。

光が戻った

手術から十日ほど経ち、眼を覆《おお》った包帯を解く日がきた。すべて包帯がとられた。瞬間病室の床が飛び込んできた。空の青さも見える。傍《かたわ》らにはよしえさんの姿があった。

「父さん、見えるの、ほんとに見えるの」

手を握り合いながら嬉《うれ》し涙を流した。

七とせの苦労をかけし妻の顔
　うれし涙で光りて見ゆる

七とせのめしいの学び無駄ならず
　神の栄光遂《つい》に来《きた》れり

これはそのとき秋山さんが詠《よ》んだ歌である。

光を取り戻して帰ってみると、共に活動した佐柄さんは末期の大腸ガンで病床にあった。その最期は悠揚《ゆうよう》として見事なほどだったという。ただ、「我が室蘭地区に会館がないのが……」と言い残したのが秋山さんには心残りだった。

その言葉を聞いた秋山さんは、その後、教化部会館建設に奔走し、実現に尽力した。

さらに、その遺志は継承され、六十二年には超モダンな新会館が誕生した。

よしえさんが喜寿を迎えた折、秋山さんは詩をプレゼントした。「めしい花」と題したものである。平成六年十一月、秋山さんは長年の信仰活動が認められて「生長の家東日本光輪賞」を受賞しているが、その受賞式に発つ前日、思いがけない電話があった。苫小牧市在住の作曲家、青野進さんが「めしい花」の作曲をしたいというものだった。

生れ変りの次の世も／あなたのお側で杖になる／そんなやさしい一言が／苦しい試練に堪《た》えてきた／ア～ア～／杖が頼りのめしい花　めしい花

歌はカセットテープにもなった。歌からは困難に打ち克った秋山さんの万感の思いが伝わってくる。

（平成七年十月号　取材／奥田益也　撮影／加藤正道）

＊相愛会＝生長の家の男性のための組織。全国津々浦々で集会が持たれている。
＊誌友会＝生長の家の聖典や月刊誌をテキストに教えを学ぶ信徒のつどい。

＊『天使の言葉』＝谷口雅春著。生長の家のお経の一つ。祖先供養および葬祭などの行事に好適。谷口雅春著『生命の實相』頭注版第23巻参照。
＊『真理の吟唱』＝谷口雅春著。霊感によって受けた真理の啓示が朗読しやすいリズムをもった文体で書かれた〝真理を唱える文章〟集。（日本教文社刊）
＊「大調和の神示」＝谷口雅春先生が昭和六年に霊感を得て書かれた言葉で、この全文は『甘露の法雨』『新編　聖光録』『御守護　神示集』（いずれも日本教文社刊）等に収録されている。
＊生長の家本部練成道場＝巻末の「生長の家練成会案内」を参照。
＊聖経＝生長の家のお経の総称。
＊実相円満完全＝神が創られたままの本当の姿は、円満で完全であるということ。

〝心の掃除〟でB型肝炎が消えた

福岡県　会社員　田上《たがみ》　修《おさむ》さん（41歳）

「B型肝炎《かんえん》」との医師の宣告。突然降って湧いた〝災難〟のようなものだった。それから苦しむこと、二年余り。医薬治療を受けながらも襲いかかる恐怖心にさいなまれた。が、生長の家の信仰に振り向き自ら〝心の掃除〟をしたときにさしもの病いも消えたのだった。

ベージュのスーツに身を包んだ痩身《そうしん》の紳士が、幼児を二人つれてホテルのロビーに現われた。右手に『光の泉』誌を持って記者たちに微笑を送っている。もう少し年配者かと予想していたから、幼児がいることにいささか驚いた。こちらの驚きを察したのか「子供は五人いるんですよ」と、田上さんはケロリと言って愉快そうに笑った。

自宅へ向かう途中で撮影がしたいというカメラマン氏の要望で、田上さんが勤務している富士電機㈱九州支社へ。運よく、日曜出勤していた同僚がいて、オフィスの中へ入れてくれた。

ものめずらしさも手伝って、オフィスの中をめまぐるしく動く子供たち。田上さんは意に介する様子もなく平然としている。自然のままがいいという育児姿勢を見たような気がした。

「下の子の真理《まり》は、私が肝臓病が治ってから出来た子です」

田上さんの口から肝臓病という言葉が出た。田上さんはふたたびハンドルを握ると、一路自宅へ向かった。

松林に囲まれた閑静な住宅地。徒歩二十分ぐらい先には海がある。一昨年四月に、千葉県松戸市から転勤、会社が借りてくれた庭つきの家に住んでいる。

エンジンの音を聞いて、夫人のめぐみさん(39)、長男、清人くん(12)、次男、忠雄くん(11)、長女、志保ちゃん(8)が玄関に出迎えてくれた。

リビングルームであらためて挨拶を交わすと、田上さんは肝臓病で苦しんだ過去を静

Ｂ型肝炎が癒え、生き生きとした表情を見せる田上さん

かな口調で語り始めた。

発　病

そうです。あれは昭和六十年の二月でした。からだがだるくてだるくて。一時間ぐらいの通勤時間でしたが、電車のつり皮につかまっていても、フラフラとなって前の座席の人の上に倒れそうになるのです。見かねて席をゆずってくれる人もいました。自分では単なる貧血かな、それとも神経性の疲労ぐらいに考えて、病院へ行こうとは思いませんでした。顔色が悪いので、家内は鍼灸治療を勧めてくれました。家内もまさか肝臓病だとは思ってもいませんからね。その内に、七転八倒の苦しみが夜中に襲ってきました。胸がかきむしられるような痛みで《心臓病かな?》と思ったりしました。それでも一ヵ月近く病院へも行かないで放置しておいたのです。

その内、尿の色がコーラのようになりました。そこで近所の病院へ行ったわけです。触診した医者は《肝臓が腫《は》れているようだから念のため血液検査をしておきましょう》と言いました。会社の定期検診では異常がなかったものですから《おかしいな》と思いましたね。家内が心配しましてね。結婚してから専業主婦をしてくれていますが、独身時代は順天堂大学病院と、長崎大学病院で正看護婦をしていたのです。順天堂大学病院の知人に連絡を取ってくれたので、三日後に、そちらの病院にも受診に行きました。小さな病院よりも大きい病院という安心感もあったからです。ここでも、《黄疸《おうだん》があるようだが、見た感じは何もないように思う。念のため血液検査しておきましょう》ということでした。

病院から家に帰ると、けたたましく電話が鳴ったのです。三日前に受診した近くの病院からでした。《あんた、何処《どこ》をほっつき歩いてたのですか。朝から何回も何回も電話したのです。今すぐ入院の手続きをとらないと危いですよ!!》。受話器の向こうで医者は顔を赤くして、怒っているようでした。

すぐ入院させてもらいました。肝機能検査の結果、ＧＯＴの数値が一、一七〇単位。異常な高さでした。正常な場合の数値は四〇単位。病名はＢ型肝炎でした。《急性肝炎ですから、いま養生しないと三日ぐらいで亡くなります》と、医者は家内に言ったそうです。

Ｂ型肝炎は、Ａ型肝炎に比べて複雑で予防や治療も難しい病気だ。主に輸血や注射などの血液感染が多い。以前は血清《けっせい》肝炎と呼ばれていた。Ｂ型肝炎の特徴の一つに、体の中にＢ型肝炎ウィルスを持っている「キャリア」の存在がある。わが国には約三百万人のキャリアがいるという専門家もいる。

歯医者で感染？

Ｂ型肝炎はエイズと同じで血液感染が原因だそうです。医者は明らかに、私がどこかで浮気して感染したものと疑ってかかっていました。身に覚えがありませんからハッキリ否定しました。それでも医者は《遠慮なさらなくてもいいですよ》と信じてくれません。私の真剣な表情を見て《それならキャリアがあったかもわかりませんね。どなたか肝臓病の方がいましたか？》と訊《き》いてきました。母方の祖父が肝炎で亡くなっていることを伝えました。

その他に思いあたるのは、一月に歯科医院で親不知《おやしらず》の抜歯手術を受けたことです。この時は手術が難航し、当初一時間ぐらいの予定が二時間もオーバーしました。歯医者と助手がふたりがかりでも抜けないのです。その内に《むずかしい歯だから、大学病院へ行ってくれませんか》と言い出したのです。今さら困ると言いますと《それじゃ、もう一度やりましょう》といって始めたのです。多分あの時に使用した器具の殺菌が不十分だったのか？　発病はその一ヵ月後でしたからね。

ですから、歯医者さんに対して《ゆるせない》という気持ちにかられました。

病院では、毎日、毎日、五百ccの点滴を二本打ちました。こんなに水分を補給して、からだに悪いのではないだろうかと不安になりました。オシッコも近くなる。手のひら一杯の分量の薬を飲むのにも閉口しました。必要以上に多く感じられました。それにレントゲン検査と血液検査。ＧＯＴの数値は三ケタまで下がるのですが、二ケタにはなかなか下がりません。それでも九月に退院することが出来ました。ＧＯＴの数値がやや安定したからです。

転院

職場復帰したものの、いつまたGOTの数値が上がるかという不安と恐怖が、片時も脳裏から離れません。トイレに行っても尿の色を見るのが恐いような状態です。定期的に血液検査をしてもらっていましたが、翌年の五月にGOTの数値が一五〇から二〇〇になって、ふたたび近所の病院に入院しました。

夫妻は長崎県出身。両家とも両親が生長の家を信仰していた。夫人のめぐみさんは、小学生の頃から練成会に参加していたというが、田上さんの入信は昭和四十三年。長崎大学時代は街頭宣伝車に乗って、九州を周り、普及活動をするほど熱心な生長の家信徒だった。

病院ではなかなか回復の兆《きざ》しが見えないので、心の拠《よ》りどころを求めて、生長の家の本を読もうとするのですが、からだがだるくてすぐ頁を閉じてしまう程でした。

一回目の入院と同じように、過剰診療と思えるような検査漬けと薬漬けの毎日が続きました。このままでは、むしろ肝臓に負担がかかって悪化するとさえ思いました。会社の病院へ移りたいと家内に伝えたのはこの頃です。

主人が救われるためには、生長の家しかないと思いましたから、私は、谷口雅春《まさはる》先生（生長の家創始者）の『神癒《しんゆ》のための集中講義』*とか『甘露の法雨』の講義テープ*も買い求めて届けました。田舎の両親は、好きな茶を断ち、二十一日間の願かけもしてくれました。病院を替わりたいという主人の希望に私も賛成でした。絶対安静といいながら、過剰なくらいの検査漬けに疑問があったからです。幸い移った会社の病院は、漢方薬まで出して下さり、治そうという積極性が見られましたね。（めぐみさん）

幸い、九月に一時退院できたので、そのまま十二月には神奈川県の鶴見にある〈富士病院〉へ入院しました。会社が運営している病院です。家内は往復三時間かけて、よく見舞いに来てくれました。乳のみ児の和歌子をつれて。他の子供は留守番です。

心の清掃

家内の友達が、サラシに生長の家のお経『甘露の法雨』を写経してくれました。それをおなかに巻かせていただきました。家内は、夜、子供がやすむと、生長の家の本を必死になって読んだそうです。生長の家では「病気はない。ただ心の影にすぎない」という。また、病気の症状を恐れることはない。神さまは病気を創《つく》り給わないと信じていましたから、抜き書きをして私に届けてくれました。その中に谷口雅春先生の〈肝臓を健全ならしめる言葉〉がありました。

《肝臓よ、目覚《めざ》めよ。汝《なんじ》の受けもてる機能を完全に遂行《すいこう》せよ。良質の胆汁を適量分泌して過《す》ごすことなかれ》

《肝臓よ、汝は既に目覚めたのである。汝は完全にその与えられたる機能を果していることに感謝する。感謝する》

『私はこうして祈る』*という本にあることばです。私は毎日、五分から十分間、必死で念じました。谷口雅春先生の『真理の吟唱』のテープ*も届けてもらいました。この中に

《天下無敵となる祈り》があります。途中からですが《いかなる細菌も真菌もヴィールスも、すべて〝生〟あるものは、神のいのちを宿してこの世に出現せるものであるから〝神の子〟である私を害することは決してないのである。宇宙の一切の生命は、唯《ただ》ひとつの神の生命に生かされ、唯ひとつの神の智慧に支配され、導かれているが故に、生き物たがいに相冒《おか》し合いて病いを起すなどということはあり得ないのである》

聞くたびに、Ｂ型肝炎の恐怖心が薄紙をはぐようになくなって行きました。そうして天地一切のものと和解することの大切さを痛感しました。

家内とは夫婦円満でしたが、私は食事にはひとこと、うるさい性格でした。メニューが単調だと《魚の料理をもう一品欲しかった》と小言を言ってしまうのでした。食事療法を必要とする病気は食事に不満を持つ人が多いそうですね。私もそのひとりでした。

六十二年一月二十日に、自宅療養のつもりで一時家に戻ってきました。本当は、千葉市で開催される「生長の家大講習会」*に参加したかったのです。生長の家総裁・谷口清超先生がお帰りの時、見送らせて頂きましたら、握手して下さいました。とても大きくて温かい手でした。

翌二月は病院へ戻りましたが、戻る前に、家で浄心行をしました。これまで憎んでいた歯医者さんや、食事のたびに小言を言ったことなどを紙に書いて、『甘露の法雨』を読誦しながらガスレンジの上で焼きました。「心の清掃」を行ったのです。また、『甘露の法雨』を心をこめて読誦し、肝炎で亡くなった祖父の供養も実施しました。これまでこんなに必死に『甘露の法雨』を読んでいただろうかと思い反省しました。発熱もありましたが、私は不安がありませんでした。《これは自壊《じかい》作用だ。迷いが現われて消えて行くのだ》と気づいていたからです。

その通りでした。病院へ戻ってからは肝炎への恐れはもうありませんでした。ベッドの脇にベニヤ板を持ち込み、その上に座して、朝晩、神想観を行じました。長崎の両親と、家内が、それぞれ神癒祈願*を申し込んでいてくれました。道場で行われる神癒祈願と同じ時刻に一緒になって神想観をしなければという気持ちでした。病院には週刊誌やテレビがありますが、それらを一切読まない、見ないと決めました。四六時中、先の光明カセットをイヤホーンで聞きました。本もひろげて、より深い理解をさせていただきました。

六十二年四月に退院して、それ以来、きょうまでまったくの健康です。退院してから毎月一回の検査を受けましたが、ＧＯＴの数値はフタケタの三五前後です。ウィルスに対抗できる抗体が出来たのだそうです。

現在は薬も飲んでいません。会社の定期検診でも異常ありません。平成三年四月に、転勤で、九州へ引越してきました。長崎出身なのでこちらの空気が合いますね。今はとてもしあわせですよ。

現在、九州地区の地方自治体の下水道事業のプランニングを会社の責任者として担当。夜は八時過ぎまで働くことも普通。家庭では、昭和五十四年に見合い結婚で結ばれた妻を「めぐみさん」とさん付けで呼ぶ。

ここ九州は趣味のカヌーと、魚釣りも出来る環境が魅力だそうだ。

撮影のために、自宅から近い海辺へ。犬と一緒に走る田上さんは、躍動感があふれていた。二年余も肝臓病で苦しんだ姿はどこにもなかった。万感こめて見つめるめぐみさんの瞳が潤《うる》んで見えた。

（平成五年二月号　取材／柴田達成　撮影／紀善久）

＊『神癒のための集中講義』＝谷口雅春講話、カセットテープ全十巻、世界聖典普及協会発行。
＊『甘露の法雨』の講義テープ＝『甘露の法雨講義』（谷口雅春講話、全八巻、世界聖典普及協会発行）
＊『私はこうして祈る』＝谷口雅春著。あらゆる場合にそなえて、祈りの言葉を集録。ごく短い時間で内在の無限力を呼びさます本。日本教文社刊。
＊『真理の吟唱』のテープ＝『真理の吟唱』（谷口雅春朗読、全六巻、世界聖典普及協会発行）
＊生長の家大講習会＝生長の家講習会。生長の家総裁、副総裁が直接指導する生長の家の講習会。現在は、谷口雅宣副総裁、谷口純子生長の家白鳩会副総裁が直接指導に当たっている。
＊神癒祈願＝神の癒しによって問題が解決するように祈ってもらうこと。生長の家本部、総本山、宇治別格本山、本部練成道場などで受け付けている。

あと十日の命と宣告された息子の小児ガンを癒した『甘露の法雨』

愛知県　会社員　久保田《くぼた》　太《ふとし》さん（51歳）

父母を恨み、大の宗教嫌いだった久保田さんは、幼い息子が小児ガンにかかり、あと十日の命と宣告されたとき、「父母《ちちはは》に感謝せよ」という生長の家の教えに目覚め、和解した。そしてひたすら生長の家のお経『甘露《かんろ》の法雨《ほうう》』を誦《あ》げ続けた……。

久保田さんは福岡県の出身。高校を卒業すると、集団就職で名古屋市にある大同特殊鋼株式会社の星崎《ほしざき》工場に就職、今年で三十年目だ。

実家は農家で、五人きょうだいの長男に生まれた久保田さんは、本来なら農業を継ぐ予定だった。しかし、

「母が五十歳の若さで心筋梗塞《しんきんこうそく》で亡くなると、会社員だった父は、母の死後わずか半年で再婚しました。悲しみにくれていた私には許せないことでした。しかも、義母には当時かなりの借金があり、お蔭《かげ》で私の学資も、就職していた姉が出してくれた有様で、そんな事から、私は猛烈に父母に反抗し、いっそ母の許《もと》に行きたいと自暴自棄《じぼうじき》になり、何度も交通事故を起こしました。それで父も諦《あきら》めて、家を継がなくともよいと言われ名古屋へ出て来たんです」

ある日、久保田さんは職場の先輩から夕食に誘われた。喜んで行くと、狭い六畳の部屋はたくさんの人がいて、ある宗教の「折伏《しゃくぶく》」と称される勧誘が始まった。午前二時まで続いた時、怒りと恐怖の中で「トイレに行く」と二、三人の人を押し倒し、裸足《はだし》で寮まで逃げ帰った久保田さんは、以来、大の宗教嫌いになった。

久保田さんは昭和四十八年九月、房江《ふさえ》さん（49歳）と結婚。娘二人に続いて、昭和五十五年に長男が生まれた。ところが長男・高弘《たかひろ》ちゃんが四歳になった昭和六十年一月、とんでもない事態が持ち上がった。

小児ガンが治り、今は立派な社会人となった高弘さん（右）と、太さん親子の会話は和やかだ

「あと十日の命です」

高弘ちゃんの顔が満月のように異様に大きくなっていることに驚き、近くの病院に行くと、医者の顔色が変わった。

病名は小児ガン――手術のできる第二日赤病院へ転院したが、息子の病名が信じられず問い質《ただ》すと、医師は「服を脱がせてみなさい」と命じた。息子の小さな肋骨《ろっこつ》の間に、大人の指ほどに太くなった血管が、ドクンドクンと波打っているのが見えた。

医師の説明によれば、心臓と肺の間に小児ガンができ、それが大人の掌《てのひら》ほどに成長して血管を圧迫、血液が心臓にまともに戻れなくなっている。このままで行くと、さらにガンが血管を圧迫し、死亡することになる。そうなるまでに時間はかからず、「あと十日の命でしょう」というのだ。

「両親と和解しなさい」

目の前が真っ暗になった久保田さん夫妻はすぐに、生長の家地方講師*の鈴木順三さん

（故人）に窮状を訴えた。

鈴木講師に「久保田さん、これは両親へのあなたの反抗が原因と思うから、両親と和解し感謝しなさい」と指導された久保田さんは、その夜、意を決して福岡の父親に電話した。

長男なのに父の期待を裏切って、継母との口論の果てに、名古屋に来たことを思い、「ごめん、ごめん」と言ったきり後は言葉にならず、嗚咽《おえつ》するばかりだった。

鈴木講師は、毎晩六時に必ず病室を訪れて『甘露の法雨』を誦《あ》げ、「病《やまい》は本来ないから、必ず消える」と祈ってくれた。

「検査でぐったりしている高弘が、鈴木先生が『甘露の法雨』を誦げられると、すやすやと寝入り、終わると気持ち良さそうに目覚めて、先生をドアまでお送りするんです。とても病人と思えませんでしたね」

久保田さんは当時、房江さんの母親の西川幸江《ゆきえ》さんから、「守山の生長の家の鈴木先生が、毎週火曜に金山の漢方薬局の二階でお話されるから、聴いてみたら」と勧められ、家族みんなで、月に二度ほど話を聴きに行っていた。

「宗教嫌いの私は、母の顔を立てるために来たのでした。だから、私は一人で車の中で待っていたこともありましたが、鈴木先生は何事もズバリと回答されるので、私も職場のことなどで、個人指導を受けるようになっていました」

とはいえ久保田さんは、生長の家の「父母に感謝せよ」という教えに納得できなかった。しかし、自分の父母への反抗心が、今、幼い息子を苦しめている事実に直面した時、初めて父母にお詫《わ》びし、感謝することができたのだった。

福岡から兄弟も飛んできてくれ、手術は、昭和六十年一月二十六日に行われることが決まった。

手術が終わるのを待つ間、鈴木講師や久保田さんは病院で『甘露の法雨』を誦げた。親戚の人の中には「こんな時にお経を誦げるなんて、縁起が悪い。不謹慎だ」と怒って帰った人もあった。医師からは五時間がタイムリミットで、もしそれ以上手術に時間がかかったら、諦《あきら》めてほしいと宣告を受けていた。

当日は何人もの人が手術を受けていた。無事に終わって、次々と手術室から出て来る人を見やりながら、「高弘は大丈夫だろうか」と、何とも言えない不安が込み上げて来た。しかし「救われる道はこれしかない」と、いつしか人目も気にせず、久保田さんは鈴木講師とともに必死で『甘露の法雨』を誦げていた。

手術は九時間半もかかった。高弘ちゃんが手術室から出てきた時、久保田さんは「駄目だったのか」と、半ば諦めの心境だった。

ところが執刀した医師は上機嫌で「成功、成功！　肺を半分取ったけど完全にガンは除去できた。今日はメスがよく切れた。体の疲れが全然なくてね、九時間半も経ったなんて思えないよ」と言うのだった。

手術は一回で終わった。「この時ほど生長の家を信じていて良かった！　と思ったことはありませんでした。『甘露の法雨』は素晴らしいと、鈴木先生にも心から感謝しました」

医師からは「三年ほどの入院が必要」と言われていたが、一年足らずで退院し、極めて順調に回復した。

『甘露の法雨』の功徳

久保田さんは結婚後、〝お守り用〟にガン保険を掛けていた。そのため、高弘ちゃんは特別室に一年間入ることができた。そしてその部屋では、退院するまで来る日も来る日も『甘露の法雨』が誦《あ》げられた。そのことが、思いがけない奇跡を生んだ。

当時、病院の看護婦さんの中に、肺ガンの人がいた。病院を辞めて治療に専念しようか、それともこのまま勤務を続けようかと悩んだ末、高弘ちゃんの看護に徹してくれた。ところが不思議なことに、いつの間にかその看護婦さんの肺ガンが癒《いや》されていた。

高弘ちゃんが退院した後、重症の患者をその部屋に入れると、みんな経過が良く、癒されて行くことが分かり、いつしかその部屋は「癒しの間」と呼ばれるようになったという。

そして、何人もの人がブザーを押して看護婦さんを呼び、手が回りかねる時など、病院では久保田さん達が誦げた『甘露の法雨』のテープを病室に流すようになった。そうするとみんな静かになり、容体も落ち着くことが分かったからだ。その状態は二年ほども続いたそうだ。

高弘ちゃんの手術が終わった後、久保田さんは鈴木講師に勧められて、昭和六十年三月、愛知県体育館で開かれた、生長の家講習会に初めて参加し、生長の家総裁・谷口清超先生のお話を聴いた。たくさんの人が静かに聴講して雰囲気が良いのにも驚いたが、「人間は神の子であり、無限の可能性がある」「病気は本来ない」などの講話に、心が晴れ晴れとしたという。

「私は幼い頃から肉親が次々と病気で亡くなり、病気にかかりやすいと絶えず聞かされ、病気に対する恐怖心がありましたが、お話を聞いてから、その恐怖心も消えました」

久保田さん夫妻は、昭和六十三年にそれぞれ、生長の家宇治別格本山*の練成会に参加した。

高弘さんは「父はそれまで厳しい雰囲気があり、怖い存在でしたが、練成会を受けてからはすっかり変わり、柔和になりましたし、今もどんどん変わって行っているのが分かります」と語る。

久保田さんは現在、地元の新舞子《しんまいこ》相愛会の会長と、相愛会の知多《ちた》総連合会の会長を務め、今年六月には地方講師になった。

房江さんは網膜色素変性症で、一級の視覚障害者であるが、生き方は積極的だ。オカリナと機織《はたお》りを習い、図書館の人に頼んで、生長の家の本をテープに吹き込んでもらい、耳を傾けている。

高弘さんも、小学六年生から中学生、高校生と夏冬の休みには生長の家の青少年練成会を受けてきた。

「なんと言っても楽しいところです。参加者みんなも明るいし、講師から聞いた両親に感謝することの大切さや、人間は神の子で無限力があること、それに日本の国のすばらしさなどのお話がとても良かった。友だちもいっぱいできるし……」と語る高弘さんは今は素晴らしい青年に成長し、二人の姉とともに生長の家青年会*で活躍している。

今年三月に名古屋調理師専門学校を卒業し、名古屋で有名な老舗《しにせ》の豚カツ屋「やばとん」に調理師として就職した。

「小さい頃からの夢だったので嬉《うれ》しいです。生長の家でやっていた『ありがとうございます』と大きな声で挨拶することなどが役に立っていますね。将来は自分の店を持ちたい」と抱負を語る。

そしてなにより「母の力になりたいと思っています」と語る高弘さんの優しさが心に染みた。

（平成十一年十二月号　取材／小林陽子　撮影／永谷正樹）

＊生長の家地方講師＝生長の家の教えを居住地で伝えるボランティアの講師。
＊生長の家宇治別格本山＝巻末の「生長の家練成会案内」を参照。
＊生長の家青年会＝生長の家の青年男女を対象とし、生長の家の真理を学び実践する会。

心臓病で生死の淵に。「艱難を光明化せよ」の教えで恐怖心を克服できた

沖縄県　会社相談役　比嘉良儀《ひがりようぎ》さん（66歳）

十年前、仕事中に心筋梗塞で倒れ、死の恐怖に捉えられた。そんなとき、友人から勧められた本を読み、「光が進むとき闇は消える」という教えを知ると、生きる力が湧いてきた。いま比嘉さんの家は、三世帯十一人家族が暮らし、明るい笑い声がたえない。

夏のいちばん暑いさかりだった。

当時、比嘉良儀さんは万座ビーチにある大きなホテルに勤務していた。仕事で車を運転している最中に、急に胸の動悸《どうき》が激しくなり息苦しくなった。「これはおかしい」と感じ、すぐさま近くの病院へと車を向けた。

やっとの思いで病院へたどり着き、救急治療室のベッドに横たわると、そのまま五日間、意識不明の昏睡《こんすい》状態に陥《おちい》ってしまった。心筋梗塞の発作だった。昭和五十一年八月、五十六歳のことだった。

その後の長い入院生活の間に、友人の大城吉正さんが見舞いにきてくれ、あるカセットテープを貸してくれた。それは生長の家創始者・谷口雅春先生の『希望の泉』（全十巻、世界聖典普及協会）という講話のテープだった。ベッドの上で何の気なしに、そのテープを聴きはじめた。……人間の心には現在意識と潜在意識があり、心の九割を占める潜在意識のはたらきが生理作用を支配している。肉体は心のカゲである……そんな言葉が心に残った。

元気が出る本

最初の入院期間は六十日に及び、一度退院したが、十二月に再び具合いが悪くなって、二度目の入院生活を送ることになった。病名は「狭心症」と診断された。

比嘉さんは、「このまま死んでしまうのではないか」と恐怖心に捉えられた。先年、五十七歳で亡くなった長兄は心不全だった。その年齢に近づいた比嘉さんは、「自分も同じ運命かもしれない」と心配した。

そんな不安におびえながら、大城さんが「これは元気が出る本だよ」と、『生命の實相』第七巻・生活篇という本を持って来てくれた。

《兄弟よ、わたしは苦しみに耐えよとは言わない。「生長の家」では苦しみに戯《たわむ》れるのだ。いかなる苦しみをも戯れに化するとき人生は光明化する》

巻頭には、こんな力強い言葉があった。比嘉さんは内容に魅かれて、読み進むと心が落ちついてきた。

《艱難《かんなん》を光明化せよ》

《人生は光明が暗黒の中を勇ましく進軍して行く行程である》

そしてベッドの上で、過去の生活ぶりを振り返るのだった。

比嘉さんは沖縄本島北部の本部《もとぶ》町の出身で、二男四女の末っ子として昭和五年五月に生まれた。

昭和十八年、大東亜戦争のさなかに県立第三中学に入学。食糧も欠乏しはじめ、毎日

「病いを克服し、短気な性格を反省して、感謝の気持ちで生活するようになりました」と比嘉さん

軍事教練や陣地構築の作業に明け暮れた。昭和二十年一月に学徒動員がはじまり、急遽《きゅうきょ》編成された「鉄血勤王隊第三中隊」に入隊したのは、十四歳のときだった。二年生から五年生（十四〜十七歳）までの約二百名が、山中で対戦車肉迫攻撃などの訓練を重ねた。

昭和二十年三月、B29が白昼堂々の爆撃を繰り返し、やがて米軍が上陸、激しい陸上戦闘に突入した。

「同期の三分の一は戦死しました。当時は祖国を守り抜くという気持ちに燃えていたので、不思議と恐怖感はなかった。死ぬときは皆一緒だという一体感がありました。六月二十三日の沖縄戦終結の日には、毎年慰霊祭に参加しています」

戦後は、ほかに仕事がなかったので米軍キャンプで働いた。軍の英会話学校で学び、通訳の仕事や米軍クラブの接客係として生計を立てた。沖縄の本土復帰後は、東急ホテルや全日空ホテルに勤め、接客のプロとして認められ仕事に励んだ。

光は闇を消す

「自分は短気な性格で、我が強く、家族を何かにつけどなり散らしていました。隣近所の人とも挨拶もしなかった。酒や麻雀・ゴルフが好きで、タバコは日に六十本以上喫《す》っていた」

《自分の存在がおびやかされることを恐れるから、われわれは腹が立つのである。……彼が自分に害を加えるであろうことを恐れるから憎むのである。だからこの恐怖の感情一つをとり去ってしまえば、いっさいの悪感情は指揮者のない雑兵《ぞうひょう》のように木端微塵《こっぱみじん》に散ってしまうのである》（『生命の實相』第七巻）

恐怖の感情にとらわれるな、という言葉には、思い当たる節《ふし》があった。

じつは比嘉さんには、恥ずかしいと思って人には言えない悩みがあった。四十代後半から、エレベーターや窓のない部屋、飛行機が苦手になった。トイレも鍵をかけると閉じ込められるのではないかと不安で、手でドアを押さえて使用したくらいだった。仕事のストレスが原因で、「閉所恐怖症」になっていたのだ。

「本には〝心次第で病は消える〟と書かれてあり、そんなバカなという気持ちで読んでいたのが、〝心臓病は気が短い人がなりやすい〟とあって、なるほどなあ、これは当たっている（笑）。自分のことを言われているようだと、納得できたんです」

そして比嘉さんは、自分の潜在意識には〝恐怖の感情〟があったと気づき、毎日『生命の實相』を読むことで心を明るい面だけに振り向けると、それを克服できるようになった。

〝光が進んで行くところ必ず闇は消滅する。人間は神の子、本来病なし〟という教えに励まされ、生きる力が湧いてきた。

すると症状は安定し、手術の必要もなく、一ヵ月で退院できて、無事に家へ帰ることができた。

「これからは、明るい生活をしよう。人に深切《しんせつ》をしよう」と心に決めた。

大の男がゴミ袋を捨てに行くなんて、と以前の比嘉さんは思っていた。それが朝早く、自分でゴミ袋を抱えて歩くことが平気になった。隣近所の人と笑顔で挨拶することも率先して行った。

生長の家の道場に通うようになり、そこで習った「笑いの練習」もやってみると面白かった。毎日腹を立てていた、かつての自分の姿が滑稽《こっけい》に思えてきて、したたかに笑った。

愛に満ちた家族

「大好きなおじいちゃん。きょうもご本読んでね。やさしくほめて育てるのが生長の家だよね。お母さんにも教えてあげなくちゃ」

と孫の佳南子《かなこ》ちゃん（10）が笑いかける。祐奈《ゆうな》ちゃん（8）もやってきた。小学生の孫たちに、比嘉さんは毎晩本を読んであげるのが日課。

「この本が大好きなの」

という二人の女の子は、『やさしく呼んであげて』（谷口恵美子著）や『人生読本』（谷口雅春著、ともに日本教文社刊）の本を声を出して読んでくれた。

那覇市内にある三階建ての自宅には、長男の良忠《よしただ》さん（37）家族と、次男の良二《りょうじ》さん（33）家族、三世帯十一人がにぎやかに暮らしている。

比嘉家では、毎月のように家族の誕生会を行っており、孫たちが会のプログラムを作って、お互いを讃嘆し合って楽しくすごす。

平成六年の夏には、県の主催で「国際家族年・のど自慢大会」が行われた折には、比嘉さん一家も出場。

比嘉さんはマドロス帽をかぶり、奥さんの静子さん(64)、長男の嫁・公子《きみこ》さん(37)、孫の佳南子ちゃん、祐奈ちゃん、暢子《ようこ》ちゃんの六人で童謡を歌った。惜しくも入賞は逃したものの、「愛すべき家族の姿の模範」と讃えられ、新聞記事で写真が紹介された上に、県のPR誌の表紙にも採用されたほどだ。

最近の比嘉さんは、「きょう一日を明るく過ごそう」と毎朝の神想観を欠かさない。そのあと、風呂に入って身を清め、全身美容ならぬ〝全身感謝行〟という独得の朝の行事を実行している。

全身をなでながら、「目よ、口よ、耳よ、ありがとう。頭よ、腕よ、足よ、ありがとう。私はなんと素晴しい身体を持っていることか。きょうも一日世のため、人のために働かせていただきます」と唱える。

「これが私の健康法ですよ」

とツヤのよい顔をほころばせる。

ホテルの仕事を退職した比嘉さんは、五年前に長男の良忠さんと一緒に、「(有)エポック沖縄」という貿易・物産会社を設立した。会社の相談役として活躍し、得意の英語や人脈を生かしている。

戦後の沖縄でアメリカ人と肌で接してみると、「かつての戦争相手から学ぶべきことがあった」と語る。

たとえば個人を大切にすること。仕事を離れたら、お互いの名前を呼び合って、肩書にとらわれずにフランクに交際できることなど。

「アメリカ人には、信仰心のない人間は信用できんという常識があるようです。いまになって、その気持ちがよく分かります」

初対面の挨拶をすると、相手から「きみの信仰は何か」としばしば聞かれた。「無宗教です」と返事をすると、「そんなことはないだろう、仏教か神道か」とさらに質問してきたという。

「以前の私は、お経は死者のために読むと思っていた。本当は違う。仏教のお経は、生きている者が真理を知るために作られたもので、生長の家の『甘露の法雨』という、詩の形式で書かれた経典を読むと、そのことがよく分かりました。現代人に理解しやすいように深い真理が説かれていますからねえ」

沖縄には琉球と呼ばれた時代から、中国や東南アジアや日本の文化の美点に気がつくと、それを取り入れてきた伝統がある。戦後はアメリカ文化も吸収して、独得の沖縄文化を築いてきた。「チャンプルー（まぜもの、という沖縄方言）文化」ともいわれる所《ゆえ》以《ん》だ。

「よい所を認めて生かす、という生長の家の教えは、沖縄の心に通じるものがありますよ（笑）」

那覇市は、アメリカ人ばかりでなく台湾や韓国からも大勢の人々が訪れる、国際都市だ。

「最近は、英語版の『甘露の法雨』も読んでいるんですよ。そのうち外国人の友人にも勧めたいと思っています。〝人間・神の子〟の教えは世界に通じるものですからね」

（平成八年八月号　取材／亀崎昌義　撮影／田中誠一）

会社の業績悪化で自律神経失調症に――
その時知った「当り前に感謝」の教え

愛知県　食品調味料卸会社役員　時原《ときはら》　敦《あつし》さん（52歳）

長引く不況の影響で、神経症にかかる中高年男性が最近ふえているという。営業部長の時原敦さんは仕事のできる管理職だったが、人一倍責任感も強く、会社の業績悪化に悩んだあげく、夜も眠れなくなってしまった。そして睡眠薬にたよる生活になり、病院通いの日々が続いたが……。

「経済が好調な頃は、会社の売上も右肩上がり。それが景気の下降とともに、業績も年々急激にダウンしていく。部下を路頭に迷わすリストラはしたくない、どうしたら会社が生き残れるかと悩む日が続きました」

食品調味料卸会社の取締役営業部長の時原さんは、そんな中で体調を崩した。不眠、倦怠《けんたい》感、無気力感におそわれ、人に会うのもイヤになり、部下から仕事の相談を受けても、「どうでもいいや、と投げやりな気分になった」という。

病院の検査では身体的な異常はないと言われた。何度も病院を変えて相談と診察を繰り返した結果、神経科で「自律神経失調症」と診断された。五年前だった。

仕事人間がぶつかった壁

時原さんは愛知県豊根村の生まれ、中・高校時代は柔道部員で、体力に自信があった。岡崎市内の個人商店を、先代社長と二人三脚で有限会社、株式会社へと事業を拡大。八百種類以上の調味料をスーパーや商店など五百店舗に卸販売するようになり、従業員も増えた。

社長につぐナンバー2として、休日も接待ゴルフ。デパートなどでイベントがあれば日曜も顔を出し、部下を叱咤《しった》激励。「自分がいないと会社は成り立たない」と自負していた。

そんな仕事一筋の時原さんが、仕事が手につかず半日で帰ってしまうようになり、や

「おかげさまで、元気になりました」。営業部長として三河地方のスーパーをまわる時原さん

がて出社して一時間もたつと気分が悪くなった。

「これでは迷惑がかかる」と、平成九年初めから一年間休職し、県内の総合病院や大学病院などを渡り歩いたが、病状は変わらない。「うつ状態の人は発作的に自殺することもあるから、周囲の人は注意するように」という医師の言葉に、家族の不安はますばかりだった。

「夜になるのが恐かった。不安感が押し寄せるんです。次の診察日を待てず、翌朝また病院へ行ってしまう。治療といっても、専門医に悩みを聞いてもらうだけで、睡眠薬と精神安定剤をたくさん貰《もら》って帰るんです」

睡眠薬の使用量がふえ、強い薬が手放せなくなった。何もする意欲がわかず、家の中でゴロゴロする日々。

みかねた得意先の奥さんから「生長の家に行ってみたらどうか」と誘われた。「もう病院は行き尽くした」と思っていた時原さんは翌日、鈴江夫人（51歳）と一緒に岡崎市内にある生長の家三河道場を訪ねた。

応対した講師に相談すると「練成会という行事がありますから、ぜひ来て下さい」と勧められた。

当り前のことに感謝！

一昨年暮れ、時原さんは三河道場で五泊六日の一般練成会に参加した。

「びっくりすることの連続で、見ること聞くことすべてが新鮮。食事は質素ですが、『ありがとうございます』と唱えながらみんなで食べる。これがじつにいいんです。本当にありがたい気持ちになれた」

道場では、食事の前に「生長の家の食事」という祈りがあった。

〈一椀《いちわん》を手にしては是《こ》れ今迄《いままで》過《あやま》ちて人に対して憎み怒りし自己の罪が神によって許されんがための供物《そなえもの》であると念《おも》いて食《しょく》せよ。二椀を手にしては是れすべての人の罪が神によりて許されんがための供物であると念いて食せよ……〉

時原さんは、今まで食物や人に感謝したことなどなかった。食事や着るものは妻が用意するのが当り前、会社でも部下に命令すればよかった。けれどここでは「当り前のこと」に感謝し、あらゆる人や物や事に徹底して感謝することを教えられ、それを実践する生活だった。

講話で「人間は神の子で完全円満な存在だから、本来病《やまい》は無い。病気は仮の姿で、心の迷いが雲となって実相（本当の姿）を覆《おお》いかくしているだけだ」と聞かされた。

講師に個人相談をすると、「時原さん、病気は無いんですよ」と力強く励まされた。理屈はよく分からなかったが、胸に響くものがあり、「そうか」と素直に納得した。

持参した睡眠薬をのまずに過ごせたことも自信になった。

「朝は四時半に起き、午前の講話、午後の献労、夜は先祖供養……とやることがたくさんあって、布団に入ったらバタン、キュウ。何年かぶりで、ぐっすり眠れたんですよ(笑)」

練成会を終えて帰宅した時原さんの明るく元気な姿を見て、いちばん喜んだのは奥さんの鈴江さんだ。

「病院には、主人みたいな中高年の患者がたくさんいて、睡眠薬中毒になっているんです。薬を絶つのは難しいんですが、主人はキッパリ止めることができた。会社にも元気に出勤できて……。嬉《うれ》しかったですね」

その後も、毎朝五時半に起床して生長の家のお経の『甘露の法雨』を読誦して、周囲の人や物に感謝の祈りをしている。

「〝病気は無い〟と覚えて帰ってきたら、本当に病いが消えてしまった」と時原さんは笑う。

この一年で会社の業績も底を打ち、経営の合理化で立ち直りつつある。

「利益追求のビジネスが全てだと思っていました。自分にはもっと幅広いものの観方《みかた》が必要だったんですね。五十歳を過ぎたいま、新しい世界にふれられたのが、嬉しくて楽しくて仕方がないんですよ」

年輩の人も若い人もともに人生を語り合い、互いを神の子として合掌し合う練成会を振り返り、時原さんは「また行きたい」と目を細める。

「これからも年に一度はいのちの洗濯をして、若返らないとね（笑）」

（平成十一年十月号　取材／亀崎昌義　撮影／田中誠一）

「人生に無駄なものはない」と病いにも感謝

高知県　掛水教光《かけみずのりみつ》さん（64歳）
久枝《ひさえ》さん（58歳）

平成九年に掛水教光さんは脳梗塞《のうこうそく》で入院したが、「生長の家の教えを勉強する時間をいただいた」と前向きに二ヵ月間の入院生活を過ごした。「神の子、病無し」を夫婦で信じていくうち、いつしか病気にさえも感謝できる心境になった。

平成九年八月初旬の夜、教光さんはある慰労会に向かう途上、急に右腕がつったような重さを感じた。その日は腕をもんでいるうちに収まり、床に就《つ》いたが、翌朝目を覚ますと、右肩から右足のつま先まで動かそうにも思うように動かせない。

明らかに右半身が麻痺《まひ》していた。「脳の血管がやられた」とその時直感した。

二十年ほど前に医師から高血圧を指摘され、余病併発を注意するように言われていたが、深刻には考えていなかった。体を起こせないほどではなかったが、一緒に住む長男の一郎さん（31歳）に付き添ってもらい、高知市内の病院に向かった。

病院の受付で自分の名前を書こうにも指が思うように動かせない。診察した医師からは絶対安静を命じられ、即入院することになった。精密検査の結果、一週間後に脳梗塞と診断された。

「でも、意識はしっかりしているし、まったく体を動かせないわけではない。だから自分でもそれほど心配してたわけではなかったね」

医師の説明によると、脳に血液が詰まった箇所がもう少しずれていたら言語障害が起きたかもしれないと知らされ、不幸中の幸いだったと教光さんは思った。症状が軽かったこともあり、入院一週間後にはベッドから起きて歩くことを許された。

病名を告げられたとき少し不安があったが、二十代から生長の家を信仰してきたので、「むしろこんな時こそ生長の家の教えを実践するいい機会」と気持ちを前向きに切り替えた。

教光さんは入院中、その心境を次々と歌に詠《よ》んだ。

医師《せんせい》も看護婦さんも天使なり
　ただ感謝して今日も過ぎゆく

病床で心の中は今日も又
　実相円満ひとりくちずさむ

点滴も神の無限の神の愛
　流れいるかと思いいるなり

医師や看護婦などお世話をしてくれる人に絶えず感謝の言葉を述べ、食物や薬をとるときにも、そこに神の命が宿っていると観《み》て、手を合わせた。そんな徹底した信仰だから入院生活が暗いはずがない。毎日明るい気持ちでリハビリに取り組み、医師が驚くくらいの早さで回復。わずか二ヵ月で退院を許可された。今も月に一回検査のため通院し

「入院中、家内の明るさが何よりの支えになりました」と夫人に感謝の言葉を述べる教光さん

ているが、字は普通に書けるようになり、歩行も普通の人と変わりないまでに回復している。

何が起きても、みな有難い

退院してすでに三年が過ぎた。現在、高知市内のマンションに久枝さん（58歳）、一郎さんと三人暮らし。教光さんは病院の受付のアルバイトや農業をして暮らし、久枝さんは専業主婦。一郎さんは市内の印刷会社に勤務し、長女の西田真理さん（35歳）は既に二児の母親で、夫の勤務先の香川県に住む。

入院中に詠んだ和歌に話題が及ぶと、「習ったわけでもなく、人にお見せできる歌でもないんですが……」と、掛水さんはしきりに謙遜《けんそん》してハンカチで汗を拭《ぬぐ》う。隣で笑《え》みをたたえていた夫人の久枝さんが口を挟《はさ》んだ。

「とにかく自分がやりだしたことは、とことんやらないと気が済まない人なんです」

記者の質問に夫がうまく説明できなければ、久枝さんが言葉を継いでくれる。互いに補い合うのがこの夫婦の自然体なのだろう。

夫が入院した時は、毎日、自宅から二キロほどの所にある病院へ通って身の回りの世話をした。この時ばかりは久枝さんも落ち込んだのではないかと思ったが、ある時、看護婦から「旦那さんが病気なのに、どうしてそんなに明るいの」と聞かれたことがあったそうだ。

久枝さんが落ち込むことがなかったのは、「人間は神の子で病気は無い」という生長の家の教えを結婚してから夫婦でともに信じてきたからだと言う。

「毎日、ご先祖様の前で聖経を誦《あ》げさせてもらい、神様やご先祖様はいつも守って下さる。だから主人が病気になったからといって、ぜんぜんあたふたしたこともなかったです」

こんな時こそ信仰を大切にしようと、夫の入院中もいつもと同じように決まった時間に仏前で生長の家のお経を読むことを日課にしていた。見舞いに行く時間を作ったくらいで、久枝さんの生活は普段と変わりない。心配や取り越し苦労は掛水夫妻にはまったく縁がなさそうだが、「いえいえ、昔からそうだったわけではないんです。ただ信仰を続けるうちに、病気になっても、病気は今の自分の魂の向上のために必要だと思えば、病気にも感謝できると気づいただけです」

と教光さんが言うと、久枝さんも頷《うなず》いた。「人生、何が起きても無駄なことはない。すべてが有難い」というのが夫妻の一致した心境だ。

夫婦で学び合いの人生

教光さんは昭和十一年に高知県北部の吾川《あがわ》村で生まれた。四人兄弟の長男で、父親の菊芳《きくよし》さん（故人）は農業を営んでいた。中学卒業後、父親について農業に従事したが、十代後半に坐骨神経痛を患い、以来、長年、激痛に悩まされた。

治療法を求めて医者を転々とし、鍼灸《しんきゅう》や御利益のあるという神仏など、ありとあらゆる事を試してみたがすべて徒労に終わった。

昭和三十年代の初め頃、教光さんの弟・功男さんが大阪の事務用家具メーカーに就職。そこの社長が生長の家の信徒で、従業員の家庭に『光の泉』など生長の家の月刊誌を送っていた。高知の掛水さんの実家にも毎月届き、教光さんはある日何気なく開いた。

『心で病を思えば病が現れる』『病気をいくら治そうとしても、心で病気をつかんでいる限り病気は治らない』――初めて読んだ言葉は「まさに自分のために書かれていたように思えた」。

それから教光さんは送られてくる月刊誌を毎月心待ちにするようになる。そして読めば読むほど生長の家を勉強したいという思いは募《つの》る。しかし、田舎では本を手に入れるのもままならない。教光さんはついに意を決して、弟の勤める会社に就職することにした。昭和三十年代半ばのことだった。

大阪では生長の家青年会の伝道活動に参加するようになり、夜、仕事から帰ると、必ず生長の家の聖典『生命の實相』を開いた。第一巻から毎日少しずつ読んで、一冊読み終えると、それを親元に送った。教光さんの心の中は教えを学び、伝道する喜びで満たされ、いつの間にか自分の坐骨神経痛のことを忘れていた。「病気を治そうという思いはどこかへ行ってしまった。そしたら、気がついたら治っていたんです」

三十九年に親戚の紹介で、同じ吾川村出身の久枝さんと結婚。久枝さんは高校卒業後、高知市内の編み物専門学校で学び、編み物教室の講師をしていた。専門学校の校長が生長の家の信徒だったそうで、渡された生長の家の月刊誌を読むうち自然と教えに親しんでいった。

結婚後も夫婦で信仰してきた。昭和五十一年、教光さんが右腕の動脈血栓症という病気になって手術したことがあった。このときも、夫妻は「病無し」の教えを信じていたので、あまり動揺することはなかった。

こうして病いが癒《いや》されるたびに教光さんは、信仰に自信を強めていった。久枝さんは「病いの中にあっても教えを生きる夫の姿を見て、自分も信仰の力を教わった気がします」と言う。

昭和五十二年に高知に戻って転職した教光さんは、電気工事業や新聞販売員などをして働いた。さらに六十二年に生長の家高知県教化部に就職し、定年の六十歳になる平成八年まで勤めた。

困難から逃げては向上がない

翌九年一月、教光さんの母親・ヒロメさんが脳梗塞で倒れて入院した。教光さんは意識のない母親を毎日のように見舞い、枕元で聖経『甘露の法雨』や『生命の實相』を読んだ。

「もういっぺん教えの原点に戻るというのかな。母親の病気をきっかけに『人間・神の子、病無し』の信仰を徹底させたいと思ったんです」

半年で『生命の實相』全四十巻を読み上げた。母親はその二ヵ月後に息を引き取ったが、「教えを学び直すきっかけを与えてくれた母親に感謝しています」と教光さんは言う。

十年九月に高知教区の相愛会役員の改選があり、教光さんは周囲から教区連合会会長の役を引き受けるよう頼まれた。脳梗塞を患《わずら》ってからまだ一年も経っていない時だったせいもあり固辞していたが、心の中では『生命の實相』で説かれていた「神の子、病無し」の教えが響いてくる。

「大役がきたからといって、そこから逃げていては自分の向上はない。これが神様から与えられた仕事なら、絶対にできるはずだし、活動をリハビリだと思って頑張ろう」

教光さんは今、生長の家の人類光明化運動に忙しい毎日を送っている。

「生長の家の活動をやっているときの主人がいちばん生き生きとしています」と久枝さ

んが笑う。教光さんは生長の家の活動の他にも、野菜作りや週一回の詩吟《しぎん》教室の稽古、さらに時事問題について新聞へ投稿したりと、パワーはますます盛んだ。

「主人がしたいことをしてくれているのが、一番嬉《うれ》しいことなんです」

欲のない久枝さんの言葉。夫の喜びを自分のことのように喜べるこの妻との一体感があれば、どんな困難も乗り越えられないわけはない。

（平成十三年二月号　取材／水上有二　撮影／中橋博文）